48.
Lb. 1491.

CHARLES DE FRANCE,

DUC DE BERRI,

OU

SA VIE ET SA MORT,

Par M***,

ANCIEN OFFICIER D'ARTILLERIE.

Les pleurs sur son cercueil tombent comme la pluie ;
La douleur les répand, mais l'espoir les essuie.

SEGRAIS.

PARIS,

IMPRIMERIE DE VIGOR RENAUDIERE,
MARCHÉ-NEUF, N°. 48.

1820.

CHARLES DE FRANCE,

DUC DE BERRI,

OU

SA VIE ET SA MORT.

L'EXÉCRABLE forfait qui plongea si soudainement la Famille Royale dans un deuil éternel, jeta aussi la France entière dans une profonde douleur ; mais ce n'est pas pour signaler par un ambitieux panégyrique mon affliction solitaire, que je vais retracer la vie publique d'un des neveux du héros des chrétiens ; le plus simple récit d'actions vraies et généreuses, vaut le plus fastueux éloge : je voudrais seulement, moi, ancien soldat français, transmettre à mes vieux camarades, dans leurs retraites isolées, le fidèle portrait d'un Prince dont la franchise égalait le courage, et dont la bienfaisance alla chercher plusieurs d'entre eux jusque dans leurs chaumières, (*).—

Charles-Ferdinand de France, duc de Berri, second fils de Monsieur, comte d'Artois, naquit le 24 juillet 1778, dans la ville fondée par son aïeul, qui sut aussi créer le siècle où il vécut. Ayant accompagné, en 1789, son auguste père à Turin, il continua ses études, avec son frère, dans cette capitale, sous la direction de M. le duc de Serent, leur commun gouverneur. Il fit sa première compagne en 1792, sous les ordres du Prince dont il avait reçu le jour, et combattit souvent à ses côtés.

Après cette entreprise infructueuse pour la cause royale, il revint passer quelque temps à la cour du roi de Sardaigne, et alla joindre ensuite l'armée du prince de Condé, où il eut le commandement d'un corps de gentilshommes. Brave, et nourri, pour ainsi dire, au champ de Mars, ce jeune descendant de Henri IV avait

---

(*) Toute puissance est odieuse, dit Stanislas-Auguste, lorsqu'elle n'est pas bienfaisante.

Le conquérant est craint, le sage est estimé;
Mais, le bienfaisant charme et lui seul est aimé.

(VOLT.)

contracté des manières aisées , franches , loyales , qui faisaient ressortir sa vivacité naturelle et donnaient plus d'éclat aux qualités de son cœur généreux (*). Aimé de ses soldats , il n'en tenait pas moins sévèrement à cette discipline que Frédéric-le-Grand appelait l'ame des armées. Un jour il lui arrive de reprendre trop vivement M. de N***, officier de distinction ; bientôt , sentant sa faute , il le prend à l'écart, et lui dit : « Mon intention n'a pas été d'insulter un homme d'honneur ; ici je ne suis point un prince ; je ne suis , comme vous , qu'un gentilhomme français. Si vous exigez réparation , je suis prêt à vous donner toutes celles que vous désirerez. » Rigide observateur des règles de la probité, ce digne commandant exigeait que ses officiers ne laissassent jamais de dettes dans les cantonnemens d'où ils allaient partir , et lui-même venait souvent avec sa bourse au secours de ces militaires.

Il était , en 1800, chef du régiment noble au service de la Russie ; mais la politique des rois , qui, pendant si long-temps, fut moins utile que

---

funeste à son infortunée famille (*), ne lui permettant plus de conserver le commandement de ce corps, il s'embarqua en 1801 pour l'Angleterre, où déjà résidait Monsieur.

En 1815, Gustave Adolphe, animé du désir de lutter contre Bonaparte, venait de s'avancer dans le Hanovre. Voulant concourir franchement, suivant un de nos écrivains, au rétablissement de la dynastie des Bourbons, il demanda que le duc de Berri vînt commander dans ses armées. S. A. R., accompagnée de Monseigneur comte d'Artois, se mit en route pour se rendre au quartier général du roi de Suède; mais ce monarque s'étant vu bientôt obligé d'évacuer l'électorat par l'arrivée soudaine des phalanges du conquérant, les deux Princes français retournèrent à Londres.

Soumis par la victoire, le continent n'offrait plus aux Bourbons un asyle assuré contre le moderne Attila (**); le jeune duc passa plusieurs

---

(*) La supercherie, la mauvaise foi, la duplicité, *l'egoïsme* sont le caractère dominant de la plupart des hommes qui sont à la tête des nations. (*Frédéric II.*)

(**) Fléau de Dieu, pour châtier les rois, qui l'encensaient par égoïsme. (*Mercier.*)

années sur les rives hospitalières de la Tamise, d'où il fit de fréquens voyages au château de Hartwell, séjour de Louis XVIII.

En 1813, plusieurs agens imprudens ou perfides, amenèrent facilement de zélés partisans du Roi à regarder comme possible, le débarquement d'un Bourbon sur les côtes de Normandie, où, disait-on , il était attendu par quarante mille Français armés pour la cause royale.

Le duc de Berri, désigné dans ce projet, s'y livra aussitôt avec toute l'ardeur d'une ame franche et courageuse. Déjà on avait arrêté le vaisseau qui devait le transporter sur les rivages neustriers ; mais des serviteurs plus prudens qui avaient été envoyés aux îles de Jersey et Grenesey, se hâtèrent de lui mander que ce projet si séduisant, en apparence, n'était qu'un piége inévitable, et il resta en Angleterre (*).

Quand les Bourbons, si long-temps exilés,

(*) On m'a donné la certitude que loin de faire tendre un piége à cette auguste et infortuné Prince, on lui rendit alors, ainsi qu'aux royalistes , un service éminent : le duc de R....., instruit du projet de descente, avait trompé, à bonne intention, les prudens serviteurs, en eur faisant donner un faux avis sur ce prétendu piége.

(Note de l'Editeur.)

reparurent en France, S. A. R. , qui était à Jersey depuis deux mois, s'étant rendue, le 12 avril , sur le navire l'*Eurotas*, débarqua le 13 à Chérbourg. A peine eut-il touché le sol français, qu'il se vit entouré de magistrats, d'officiers et de citoyens dont les félicitations leur valurent cette réponse accompagnée de larmes : « Chère France ! en la revoyant, mon cœur est plein des plus doux sentimens... Nous n'apportons que l'oubli du passé (*), la paix et le désir du bonheur de la nation. » Il se rendit le lendemain, de Cherbourg à Bayeux. Trop fortement ému par le touchant accueil qu'il recevait , l'heureux Prince ne répondait aux acclamations que par ces mots : « Vivent les bons Normands! » Parmi les nombreuses personnes dont la foule l'environnait, une se présenta, qui avait servi sous ses ordres : « — Serais-je assez heureux, Monseigneur, pour être reconnu de V. A. R. ? — Si je vous reconnais, mon cher L***! lui répon-

---

(*) Son noble frère a dit ensuite et souvent répété : « *Union et oubli...* » Français qui déplorez la mort d'un digne Fils de France, moissonné à la fleur de l'âge par un fer assassin, puissiez-vous bientôt, par ses mânes, jurer *l'oubli et l'union* sur le tombeau de ce dernier martyr !

dit le Prince en s'approchant de lui et en écartant ses cheveux : ne portez-vous pas sur le front la cicatrice d'une blessure que vous reçûtes à la bataille de... ? — » On se plaisait à recueillir cette réflexion touchante et vraie : « Ah ! ce n'est qu'au milieu des siens qu'on est vraiment heureux ! » (*).

Le Duc signala son séjour dans le chef-lieu du Calvados, en accordant la liberté à des prisonniers détenus depuis deux ans pour une révolte causée par la disette, et cette grâce donna lieu, le lendemain, à une scène intéressante qui se passa au théâtre de cette ville (**).

____

(*) Plus je vis d'étrangers, plus j'aimai ma patrie.
Du Belloy.

(**) J'étais présent à cette scène, qui ne plut pas extrêmement au prince., et que tous les honnêtes gens furent loin d'applaudir. Le lendemain du jour où la grâce fut accordée, on donna *la Partie de Chasse de Henri IV*, chef-d'œuvre de Collé, au théâtre de Caen, et S. A. y assista. Le maire de la ville avait conçu l'idée de faire amener sur la scène ces *graciés*, hommes et femmes, encore détenus ; au lever du rideau, on les vit à genoux élevant leurs bras vers le prince... Certes ils devaient le bénir, et ils le bénissaient au fond du cœur; mais pourquoi, sans l'aveu d'un prince magnanime, lui offrir un

Arrivé à Rouen, trois jours après, le Prince y passa en revue les troupes de la garnison, visita les manufactures, et y laissa des témoignages de sa munificence.

Le 21, il entra dans la capitale par la barrière de Clichy : « Messieurs, répondit-il aux harangues du corps municipal et des chefs de l'armée, mon cœur est trop ému pour exprimer tous les sentimens qui m'agitent, en me voyant, au milieu des Français et de cette bonne ville de Paris, entouré de la gloire de la France. Nous y venons apporter le bonheur ; ce sera notre occupation constante, jusqu'à notre dernier soupir ; nos cœurs n'ont jamais cessé d'être français et sont pleins de ces sentimens, qui sont le caractère de notre nation. *Vivent les Français !* »

---

spectacle au moins étrange, que sa modeste humanité fut forcée de subir ? Pourquoi, humiliant la dignité de l'homme et celle du malheur, condamner douze citoyens à la pantomime bizarre d'un mélo-dramatique hommage ? Pourquoi enfin, les exposer une seconde fois aux regards d'une foule avide, et leur faire payer si cher un bienfait accordé si généreusement ? Je ne sais ; mais monsieur le maire, que je ne crois pas courtisan, et qui vise, dit-on, à la célébrité, avait rencontré ce jour-là un bien triste moyen d'y parvenir. (*Note de l'Éditeur.*)

Arrivé au château des Tuileries, S. A. R. se tourne avec vivacité vers les Maréchaux qui l'entourent, se jette dans leurs bras, les serre fortement et leur dit avec ame : «Permettez que je vous embrasse et que je vous fasse partager tous mes sentimens. » Attentif à gagner le cœur des braves, il s'occupa sans cesse de visiter leurs casernes, leurs hôpitaux et cet hôtel fameux fondé par son aïeul, Louis-le-Grand, en l'honneur du courage, bouclier de la France. Il ne mettait pas moins d'ardeur à contempler les chefs-d'œuvre d'un Muséum, alors le premier de la terre, à examiner en détail les procédés et les produits de ces manufactures qui remportent souvent le prix sur leurs plus superbes rivales.

Combien de mots heureux n'a-t-on pas recueillis de la bouche d'un Prince qui aimait la patrie autant qu'il chérissait la gloire ! « Nous commençons à nous connaître, dit-il un jour au général Maison; quand nous aurons fait quelques campagnes ensemble, nous nous connaîtrons mieux». Assistant à l'un des banquets que la garde nationale donna dans les jardins de Tivoli, ce Prince s'était réservé de porter un toast en l'honneur de la milice citoyenne; se voyant prévenu par le duc de Grammont : « Vous me l'avez volé, s'écria-t-il, mais je vais en porter un qui est dans le cœur de

tous les Bourbons : A la prospérité de la France! »
Passant en revue à Versailles un régiment qui
témoignait encore le regret de ne plus combattre
avec Napoléon : « Que faisait-il donc de si mer-
veilleux, leur demande le Duc? » Il nous me-
nait à la victoire, répondent les soldats. « Je le
crois bien, replique vivement le Prince; cela
était bien difficile avec des hommes tels que
vous! »

Nommé, le 15 mai, colonel-général des che-
vau-légers, des chasseurs et des lanciers, il par-
tit de la capitale, le 1er. août, pour aller inspec-
ter les frontières du Nord, et fut reçu partout
avec enthousiasme. Il aimait à examiner en même
temps les fabriques, les ateliers, les filatures.
Celle du sieur Fréret, à Lille, ayant surtout at-
tiré son attention, il voulut bien signer sur le
grand livre de ce négociant l'acte qui constatait
une visite si flatteuse pour le commerce et l'in-
dustrie (*).

Le 9 du même mois, ce Prince arriva à Ca-

______

(*) Ce digne Prince eut approuvé, sans doute, cette
réflexion de M.*** : « Il est plus glorieux de donner, de
son cabinet, des ordres à Surate ou à Canton, que d'être
avec orgueil, sous un Roi légitime, un braconnier
de ministères.

lais, s'y embarqua le 10 pour Douvres, alla passer cinq à six jours à Londres, revint le 18 à
Paris, et repartit bientôt pour aller passer en
revue les garnisons de Mézières, d'Avesnes, de
Metz, de Strasbourg, de Landau. De retour
dans la capitale, il s'occupa beaucoup d'encou-
rager les arts, et confia l'honneur de faire son
portrait au célèbre Carle Vernet, dans l'atelier
duquel il alla plusieurs fois donner séance. En
parcourant les établissemens publics, il éprouva
l'agréable surprise de retrouver, au comité cen-
tral d'artillerie, la jolie pièce de canon qui
avait été faite, à Turin en 92, pour son ins-
truction et celle du duc d'Angoulême.

Colonel-général, il augmentait sans cesse, par
des études stratégiques, ses connaissances militaires, et par des études morales, il s'attachait
de plus en plus à gagner le cœur des soldats. Il
venait d'arrêter le projet d'un voyage dans les
départemens de l'Ouest et d'une seconde tournée
dans les places de guerre, quand le retour de
Bonaparte vint suspendre le cours de tant de
soins.

Ayant inspecté, le 8 mars, l'Ecole-Militaire,
la caserne de Babylone et fait plusieurs promo-
tions, il fut accueilli froidement par les troupes

diverses qu'ébranlait déjà la présence de Bonaparte sur le territoire Français (*). Le 11, S. M. lui confia le commandement général de tous les corps qui étaient à Paris et dans les environs ; mais cette armée, séduite par l'illusion de la gloire, s'étant jetée du côté de Napoléon, le Duc, dans la nuit mémorable du 19 au 20 mars, quitta la capitale avec Monsieur, accompagnant le Roi à la tête de sa maison et de ses serviteurs. On marcha dans cet ordre, presque sans s'arrêter, jusqu'à Beauvais, où l'on entra le 21 ; de là, on prit la route qui conduit à Calais, tandis que le monarque se dirigeait sur Lille ; et, le 28, les Princes rejoignirent le Roi à Gand ; mais le duc de Berri s'établit à Alost, où se trouvait la fidèle phalange qui avait pu suivre son Prince au-delà des frontières.

Pendant son séjour en Belgique, le Duc fit de fréquens voyages, soit à la cour de Gand, soit à celle des Pays-Bas, où il était reçu avec tous les honneurs dus au sang des Bourbons ; et il associait à ces distinctions flatteuses les comman-

---

(*) A cette époque désastreuse, l'arrivée de Napoléon fut plus fatale aux meilleurs citoyens, que la chûte d'une avalanche tombant du haut des Alpes ne l'est à un troupeau nombreux, qui périt du moins sur le champ.

dans de la troupe d'élite cantonnée à Alost et dans les environs. Ce Prince belliqueux se plaisait chaque jour à en surveiller les manœuvres, et souvent même à les commander en personne. On admirait avec surprise l'éclat, la véhémence de son commandement et la précision de son coup d'œil. Dans les instans de délassemens nécessaires où les camps offrent quelquefois l'image des jeux de l'enfance, S. A. R. en était souvent le témoin, et y prenait toujours le plus vif intérêt.

Le 21 juin, après l'effroyable bataille de Mont Saint-Jean, l'armée royale, au milieu de laquelle S. M. voulait rentrer en France, fut passée-en-revue par le duc de Berri, se mit en marche sous ses ordres, vint coucher à Grammont le même jour, à Ath le lendemain, à Mons le jour suivant, à Bavai le 24, et bientôt à Cambray. Le 8 juillet, étant prêt à partir de Saint-Denis pour se mettre à la tête de la maison du Roi (*), destinée à former le cortége de

---

(*) Maison du Roi! disait le comte de Beauvert, comme ces mots résonnent à l'oreille et au cœur d'un chevalier Français! Maison du Roi! c'est-elle, sous le grand Maurice, qui gagna la bataille immortalisée par Voltaire.   (*Note de l'Editeur.*)

ce monarque , le duc de Berri , sur le point de quitter le commandement , vint témoigner aux officiers de cette maison militaire combien il était satisfait de sa bonne conduite et de son dévouement. Il ajouta, au nom du souverain, dont l'intention magnanime était de recueillir , sans provocation d'aucune espèce, l'expression libre du vœu de tous les citoyens : « Il vous reste un devoir non moins important à remplir dans cette mémorable circonstance , et c'est le Roi qui vous le prescrit. Vous garderez un silence absolu , lors même que les cris expirans de la révolte ou quelques débris du signe de rebellion viendraient exciter votre indignation. »

Depuis cette terrible époque, S. A. R., qui vivait assez retirée , ne négligea pourtant aucune occasion de se concilier encore l'affection des militaires ; et, le 30 septembre , en recevant les officiers du 1er. de ligne : « J'ai, leur dit-il, une permission à vous demander, celle de porter votre uniforme lorsque j'irai au-devant de mon frère. »

Ayant été nommé, au mois d'août suivant , président du collége électoral séant à Lille , le Duc s'y rendit le 18, et fit cette réponse au discours que lui adressa le Préfet du département :

« Le Roi et la Patrie sont inséparables, et l'amour unit le Roi à ses peuples par une chaîne indissoluble. Qui pourrait rompre cette chaîne dont le département du Nord et la ville de Lille forment le plus solide anneau ? La mission de présider le collége électoral de ce département est la plus haute faveur que le Roi pouvait m'accorder. » Le lendemain, il voulut faire un voyage à Béthune, ville qu'il honorait d'une vive reconnaissance. « Messieurs, répondit-il à la harangue du corps municipal, j'ai voulu revoir les bons habitans de cette ville, leur témoigner toute ma reconnaissance (*) pour la conduite qu'ils ont tenue envers nous dans des circonstances malheureuses et où il semblèrent redoubler de fidélité et de dévouement. »

Le 23 août, ce prince, présidant la première séance du collége de Lille, l'ouvrit par ce discours d'une noble simplicité : « Le plus aimé de vos Rois, Henri IV, après de longues guerres intestines, rassembla les notables à Rouen et leur demanda des conseils; ainsi que lui, le Roi, mon auguste seigneur et oncle, d'après la cons-

---

(*) La reconnaissance est une des qualités les plus inséparables des ames bien nées. (Louis XIV.)

2

titution qu'il a lui-même donnée à son peuple, s'adresse en ce moment à vous et me nomme pour être son organe auprès du département du Nord. Je ne parlerai point de leur fidélité aux habitans d'un pays, berceau de la monarchie ; je me bornerai à vous dire, Messieurs, que le Roi, après vingt-six ans de trouble et de malheur, a besoin d'interroger le cœur de ses sujets. Il vous demande de lui adresser, non ceux de vous qui l'aiment d'avantage, ce choix est impossible, vous y voleriez tous, mais ceux qui, dignes interprètes de votre pensée, porteront au pied du trône cet oubli du passé, cette connaissance du présent, ce coup d'œil dans l'avenir, ce respect pour la Charte constitutionnelle, cet amour pour sa personne, enfin cette abnégation de soi-même, qui seule peut assurer le bonheur de tous. »

Le Duc se chargea, le 25, de remettre lui-même au brave colonel Hulot l'épée d'honneur que le conseil municipal lui avait décernée. Vers cette époque, désirant témoigner aux citoyens d'Alost combien il était satisfait de la conduite qu'ils avaient tenue envers lui et ses soldats pendant leur assez long séjour dans cette ville hospitalière, il envoya un présent honorable à l'habitant chez lequel il avait logé, et ce présent était accompagné d'une somme de mille francs pour les pauvres d'Alost. En quittant Lille, ce prince remit au préfet une somme considérable pour secourir les indigens (*).

De retour à Paris, S. A. R. adressa au même préfet une lettre qui finissait par ces mots, écrits de sa main : « Dites à tous vos bons Lillois combien je les aime. » Cette ligne rappelle les paroles touchantes de Henri IV, paroles dont le Duc s'était servi en quittant les Lillois : « Désormais entre nous, à la vie, à la mort. »

Lors de la session des Chambres, qui ont lieu dans le mois d'octobre, le duc de Berri assista à cette séance royale, et jura, avec tous les Princes de sa maison, le maintien de la Charte. Il se montra d'abord assidu aux séances de la Chambre des pairs, et devint président du troisième bureau ; mais ensuite il se dispensa, comme les autres Princes, d'y assister.

Un événement remarquable et le plus important de la vie du duc de Berri, celui auquel se rattachaient les plus heureuses espérances et les plus grandes destinées, est, sans doute,

____

(*) Ravir l'homme au besoin, c'est le ravir au crime.

(M***.)

2 *

son mariage avec la princesse Marie-Thérèse-
Caroline, fille aînée du prince royal des Deux-
Siciles. Cette union fut annoncée à la Chambre
des pairs et à celle des députés, le 28 mars 1816.
Le ministère proposa de fixer à un million la
somme indispensable que cet événement devait
faire ajouter à l'apanage de ce prince ; mais la
Chambre des députés ayant élevé cette somme à
un million cinq cents mille francs, S. A. R.
prit la résolution de consacrer cet excédent au
soulagement des victimes de la dernière inva-
sion.

Quand la jeune princesse, débarquée à Mar-
seille, traversa le royaume pour se rendre à
Paris, elle fut accueillie sur son passage par des
transports de joie, qui se manifestèrent égale-
ment lors de son arrivée sur les bords de la
Seine. Ces témoignages d'allégresse éclatèrent
surtout pendant les fêtes de cet auguste hymen,
célébré dans la basilique, le 17 juin 1816, et
dont les premiers fruits, si désirés, ont tour-à-
tour fait passer le cœur des Français, de la joie la
plus douce à la plus amère douleur....

Mais, hélas ! qu'ai-je dit ? A peine un nouveau rejeton, venant la consoler, promettait encore à la France une nouvelle garantie de son

bonheur (*), que l'attentat le plus horrible vint, tout-à-coup, replonger cette France dans une douleur bien plus grande, dans une consternation universelle, dans une mer de larmes.

Le 13 février, à onze heures du soir, Monseigneur le duc de Berri, donnant le bras à son auguste épouse, sortait de l'Opéra par la rue de Rameau et allait monter en voiture, lorsqu'un homme, dont, jusques-là, on n'avait point remarqué la présence, écarte brusquement l'officier de service qui allait ouvrir la portière, saisit le prince et lui plonge un poignard dans le sein droit. S. A. R., jetant un cri, arrache le fer meurtrier de sa blessure, tombe dans les bras des gendarmes, et son sang rejaillit sur la jeune Princesse, dont les pleurs et le désespoir deviennent le premier signal de la douleur publique.

Des cris poursuivent l'assassin, qui prend la fuite vers l'arcade Colbert; mais Jean Paulmier,

______

(*) L'infortunée Princesse a perdu pour jamais toute espérance à la félicité terrestre; mais elle porte dans son sein un nouvel espoir de bonheur, que sa tendresse maternelle conservera au peuple désolé qui sait la plaindre et la chérit. *(Note de l'Éditeur.)*

garçon limonadier, qui traversait la rue de Ri-
chelieu, entendant ces tristes clameurs et voyant
fuir le monstre, lui barre le chemin en étendant
les bras, et le retient pendant quelques secon-
des étroitement serré, ce qui donne le temps à
la garde de le saisir.

Le Prince, évanoui, est transporté dans les
appartemens de l'Opéra, où les premiers hommes de l'art, médecins et chirurgiens, appelés
aussitôt, arrivent successivement. Bientôt ac-
courent LL. AA. RR. Monsieur, Madame,
M^{grs}. les Ducs d'Angoulême et d'Orléans,
MM. d'Ambray, Decazes et un grand nombre de
personnages revêtus de hautes fonctions. Après
les premiers soins donnés au Prince, toujours
sans connaissance, on veut interroger l'exécrable
assassin. Il affecte un air calme, demande un
verre d'eau, le boit avec tranquillité, répond
qu'il se nomme Louvel, et ajoute ces mots :
« J'ai conçu seul, depuis cinq ans, le projet
que je viens de mettre à exécution ; je ne l'ai
communiqué à personne ; ce n'est pas la première fois que je tente de l'exécuter.... »

Cependant le malheureux Prince reste toujours évanoui, sous les regards de son épouse
en larmes, de sa famille désolée : on sonde

deux fois la blessure, où le poignard (*) pénétra de plus de trois pouces, et les chirurgiens acquièrent la douloureuse certitude que la plaie est mortelle.

On se décide à faire prévenir de cette horrible catastrophe le Roi, auquel on avait, jusque-là, eu la prudence de laisser ignorer le crime atroce qui va le priver d'un neveu, d'un fils chéri. S. M., plongée soudain dans la plus grande affliction, fait violence à sa douleur, monte en voiture, arrive auprès du Prince, qui, étant revenu alors de son évanouissement, faisait d'inutiles efforts pour modérer le désespoir de la jeune Princesse. Apercevant, au chevet de son lit de mort, l'auguste chef de sa famille, son premier mouvement est de lui demander avec instance la grâce de son assassin. Hélas! ce sentiment si généreux, si héroïque, ne précéda que de peu de momens les dernières paroles et les derniers soupirs du Prince.

Qui pourrait essayer de peindre l'état de l'épouse chérie, pendant les longues et inex-

____

(*) Le *tirepoint*, car c'est le nom de l'instrument dont s'est servi l'infernal meurtrier, qui travaillait chez le sellier du Roi. (*Note de l'Editeur.*)

primables souffrances de l'époux adoré ! Dans un de ces instans où la Princesse, partagée entre l'ardent désir de les alléger par ses soins affectueux et la cruelle idée de ne pouvoir y parvenir, elle paraissait prête à se livrer au désespoir, le prince la regarde, et, dans son attendrissement, lui dit : « Je t'en conjure, ma chère Caroline, ménage-toi pour l'enfant que tu portes dans ton sein ! »

En donnant à sa fille sa bénédiction, il lui dit, en lui imposant pour la dernière fois ses défaillantes mains : « Pauvre enfant ! je souhaite que tu sois moins malheureuse que ceux de ma famille ! » (*)

Un jeune homme toucha le sang qui s'écoulait de la blessure : « Que faites-vous ? lui dit le le Prince, en l'écartant avec douceur ; ma blessure est peut-être empoisonnée ! »

Dans un autre moment, on l'entendit s'é-

––––––––––––

(*) Combien de royales victimes, depuis Henri-le-Grand jusqu'au Duc de Bérri, furent tour-à-tour immolées par le poison et le poignard au double fanatisme, éternel ennemi de la religion et de la liberté, qui se réuniront, peut-être un jour à la philosophie pour le détruire !   (*Note de l'Editeur.*)

crier avec amertume : « Qu'il est cruel pour moi de mourir de la main d'un Français ! Ah ! pourquoi n'ai-je pas trouvé la mort dans les combats ! »

Peu d'instans avant que le Roi fit retirer la trop malheureuse Duchesse, le Duc témoignait à sa femme le repentir de quelques erreurs passagères, et des chagrins qu'elles avaient pu lui causer : « Ah ! s'écria-t-elle en baisant la main qu'elle inondait de pleurs, je le savais bien que cette belle âme était créée pour le Ciel, et qu'elle y retournerait !

Alors le Prince lui dit d'une voix presque éteinte : « Pour mourir heureux, il faut que je meure dans tes bras, chère Caroline ! »

Tels ont été les derniers mots de cette dernière entrevue ! Sur un signe du Roi, la Duchesse fut entraînée, plus que conduite, dans un appartement voisin.

Quelques minutes avant ce cruel entretien, le bon Prince avait fait des dispositions verbales en faveur de plusieurs personnes qu'il affectionnait, et les avait recommandées autant à la bonté du Roi qu'à la justice bienveillante de son père et de son épouse. Il demanda à voir M. de Nantouillet, qui est, depuis trente ans, le premier

officier de sa maison. En le voyant entrer : » Ve-
nez, mon vieil ami, lui dit le Prince, je veux
vous embrasser avant de mourir. » M. de Nantouillet ne répondit qu'en tombant à ses pieds,
et en les baignant de ses larmes.

Rentrée dans ses appartemens, et passant de-
vant une glace, Madame la Duchesse fut frappée
du désordre où elle vit sa belle chevelure : « Hélas ! s'écria-t-elle avec l'accent d'une douleur ai-
guë et déchirante, voilà la chevelure que ce pauvre
Charles aimait tant ! » Et aussitôt l'infortunée
la coupe de ses propres mains. (*)

Quelle que soit l'affliction de cette magnanime et pieuse Princesse, elle n'a pas eu de
peine à comprendre qu'il lui restait des devoirs à
remplir. Chrétienne, déjà mère et appelée à l'être
encore, son courage fut aussi grand, plus grand
que sa douleur, et un calme religieux succéda
aux premiers élans du désespoir. Dès le soir de
ce jour si désastreux, elle se retira au château de
Saint-Cloud, avec Madame, qui lui prodigue
constamment les soins affectueux de la plus
tendre sœur, comme de la meilleure amie. Là,

(*) La Princesse a, dit-on, fait déposer sa chevelure
dans le cercueil du Prince.

prosternée sans cesse dans un sombre oratoire, l'ange de la Sicile et de la France (*) prie, invoque le Ciel d'où le nouveau martyr semble lui sourire et l'entendre.

« Une personne, dit M. B.... de V...., l'a entrevue au moment où elle montait en voiture pour se rendre à Saint-Cloud : elle était enveloppée dans un voile de crêpe noir. Depuis ce temps, inaccessible à tous, excepté aux membres de sa famille qui sont venus pleurer avec elle, la Duchesse ne s'entretient qu'avec Dieu, et lui demande des forces que les consolations humaines ne peuvent lui donner.

» Princesse infortunée, ajoute l'éloquent écrivain, s'il était permis de vous présenter quelqu'adoucissement à des infortunes inouies, peut-être oserions-nous vous offrir, comme une faible compensation, ces témoignages d'amour et de regrets dont un deuil universel entoure votre veuvage, et surtout ce rayon de joie qu'a fait briller dans les ombres de la douleur générale, l'espoir de voir renaître par vous un noble rejeton destiné à nous rendre celui dont nous

---

(*) Ange d'amour, de bonté, de vertu, de bienfaisance !

déplorons la perte. Ce dédommagement vous est
dû, et le Dieu protecteur des Bourbons vous
l'accordera. Oui, nous en embrassons avec avidité
la consolante idée ; un enfant naîtra de vous ,
qui effacera les dernières traces de tant de fu-
reur : il sera le gage de notre réconciliation avec
le Ciel, et sa naissance marquera le terme de
vos malheurs et de nos calamités ! »

STANCES

SUR LA MORT DU DUC DE BERRI.

BERRI n'est plus ! Sous un bras sanguinaire
Il est tombé, ce prince généreux.
France, revêts ta robe funéraire !
Ciel, couvre-toi d'un voile ténébreux !...
        Désormais réduis soleil : BERRI n'est plus !

BERRI n'est plus ! Au récit de ce crime,
L'Europe entière éclate en longs sanglots...
Et la mort même, en pleurant sa victime,
Se dit, le front incliné sur sa faux :
        BERRI n'est plus !

BERRI n'est plus ! Le cri de la vengeance
A retenti dans tous les cœurs français !
Beaux-arts, valeur, gloire, amour, bienfaisance ;
Pleurez, pleurez à l'ombre des cyprès !.....
        BERRI n'est plus !

BERRI n'est plus ! Celui qui sut combattre,
Récompenser, pardonner et chérir,
Celui qui sut vivre comme Henri Quatre,
Comme Henri Quatre, hélas ! vient de mourir,
        BERRI n'est plus !

Berri n'est plus ! Mais de sa bien aimée
Le noble sein recèle un fruit naissant ;
Et dans six mois, la France ranimée
Aura cessé de dire en gémissant :
      Berri n'est plus !

Désaugiers.

Oui, le sang des Capets est toujours adoré !
Français, unissons-nous ! Que de ce tronc sacré
Les rameaux, divisés et courbés par l'orage,
Désormais réunis soient notre unique ombrage !

Voltaire.

Tant qu'autour du soleil ce globe tournera,
La race des Bourbons sur les Francs régnera.

M......

FIN.